LA SOLITVDE
DV SIEVR
DE SAINT-AMANT.

AVEC LA TRADVCTION LATINE.

Par H. G. Relig. de la Doctrine Chrest.

henry Golignac

A TOLOSE,

Par IEAN BOVDE, Imprimeur Ordinaire du Roy, & des Estats Generaux de la Prouince de Languedoc, à l'Enseigne S. Iean, prés le College de Foix. 1654.

CLARISSIMO
VIRO DOMINO, D.
PETRO DE FERMAT,
IN SVPREMA TOLOSÆ
CVRIA SENATORI.

TIBI, SENATOR IN-
TEGERRIME, Latina
hac versio antea debuit offerri,
quàm in publicum dari : nec
fautorem alienum sibi quæsisse
potest ; cum sit tua, ex quo pe-
nes te diu delituit : necdum enim foret nostra,
quæ perierat, nisi tua diligentia inuenta esset.
Illam-ne feliciorem dixerim nescio post extin-
ctum auctorem ! præsertim cum iniurias tempo-

A

rum non eluserit modò; sed maiorem à te habuerit, quàm ab auctore dignitatem. Ille enim, quasi studiorum suorum præmaturos fœtus ederet, mandari Typis negabat; ac nunquam satis expertus illud Horatij, NONUMQUE PREMATUR IN ANNUM, amicorum consilijs moras obijciebat. Sed tuo tandem beneficio in lucem editur, quod acriori eius iudicio adhuc esset in obscuro: nisi tu versibus istis, tanquam pupillis paternam curam impenderes; tuáque operà redderes, quam mors parentis fato propera abstulerat educationem. Tanta munificentiæ & auctor, & opus multum debent, auctor quidem, quòd à te suum acrius illud iudicium fuerit mitigatum; opus verò, quòd debita laude non careat. Vtrumque tibi decorum, SENATOR INTEGERRIME, defuncti enim amici memoriæ dum consultum velis; tuæ gloriæ consultum est, cui secessus otium tantùm contulit, quantùm ipsa Senatus frequentia, & amicorum consuetudo, qui vel hoc ipso versus istos laudabunt; quia te scilicet dudum habuerint sui æstimatorem. Quod tu igitur amico beneuolentia; ego tibi gratitudinis officium rependo. *VALE.*

LA SOLITVDE DV SIEVR DE SAINT-AMANT.

Que i'ayme la Solitude !
Que ces lieux sacrez à la Nuit,
Esloignez du monde & du bruit,
Plaisent à mon inquietude !
Mon Dieu ! que mes yeux sont contens
De voir ces Bois qui se trouuerent
A la natiuité du Temps,
Et que tous les Siecles reuerent,
Estre encore aussi beaux & vers,
Qu'aux premiers iours de l'Vniuers !

EIVSDEM LATINA VERSIO.

DVLCES secessus! & amica silentibus vmbris
O secreta? procul turbis, ac limine regum,
Qua mihi sollicitam recreatis Imagine mentem!
Vt iuuat hæc (superi) nemorũ spectare vireta,
Olim quæ teneris aderant natalibus æui;
Et quæ tot retro labentia sæcula rerum
Mirantur lætos ostendere frondis honores,
Quales à primo natura indulserat ortu.

Vn gay Zephire les caresse
D'vn mouuement doux & flateur,
Rien que leur extresme hauteur
Ne fait remarquer leur vieillesse :
Iadis Pan, & ses Demy-Dieux
Y vindrent chercher du refuge,
Quand Iupiter ouurit les Cieux
Pour nous enuoyer le Deluge,
Et se sauuans sur leurs rameaux,
A peine virent-ils les Eaux.

Que sur cette Espine fleurie,
Dont le Printemps est amoureux,
Philomele au chant langoureux,
Entretient bien ma réuerie !
Que ié prens de plaisir à voir
Ces Monts pendants en precipices,
Qui pour les coups du desespoir
Sont aux Malheureux si propices,
Quand la cruauté de leur sort
Les force à rechercher la mort !

Dulcis vt hæc blanda mulcere fauonius aura,
Et quam lætus amat! cernin vt summa laborent
Arguere annosos procera cacumina truncos?
Semi-Deos olim Faunos, & Pana fugacem
Huc memorat dubiæ quæsisse salutis asylum;
Diluuium terris Cœlo dum effudit aperto
Iupiter: excepti nam tum ramalibus altis
Vix vidisse feruntur aquas, mundumque natantem.

Hic vbi odorata se fronde coronat Acanthus,
In quo delicias omnes facit imbriferum Ver,
Delectata suis iterum Philomela querelis
Me tenet, & pulchrè vigilanti somnia suadet.
Qualis at hæc præceps scopuli pendētis Imago
Me reficit! votis adeo opportunus amantum
Qui micat; extremo quoties occumbere saltu
Cogit amor; crudelis amor, quem fata dederunt!

Que ie trouue doux le rauage
De ces fiers Torrents vagabonds,
Qui se precipitent par bonds
Dans ce Valon vert & sauuage !
Puis glissans sous les Arbrisseaux
Ainsi que des Serpens sur l'herbe,
Se changent en plaisans Ruisseaux,
Où quelque Naiade superbe
Regne comme en son lict natal,
Dessus vn throsne de christal !

Que i'ayme ce Marests paisible !
Il est tout bordé d'Aliziers,
D'Aulnes, de Saules, & d'Oziers,
A qui le fer n'est point nuisible :
Les Nymphes y cherchans le frais,
S'y viennent fournir de quenoüilles,
De pipeaux, de joncs, & de glais,
Où l'on voit sauter les grenoüilles,
Qui de frayeur s'y vont cacher
Si-tost qu'on veut s'en approcher.

LATINA VERSIO.

Vt placet hæc strages torrentibus acta superbis!
Qui se præcipites effræni mittere cursu
Desultim properant in opacæ concaua vallis.
Inde sub arbustis sinuoso flumine lapsi,
Ceu colubri exosses irrepunt mollibus herbis;
Iamque fluunt lenes, quà se pulcherrima Naïs
Iactat conspicuo christalli nisa sedili;
Nataléfque tenet circum sua regna liquores.

Vt placet hæc tranquilla palus! cui lotos amica
Prætexit ripas, & plurima vimina circum,
Alnique, salicésque, incognita silua bipenni.
Naiades hic Nimphæ captant dum frigus opacum,
Sæpe colos aptant lateri, calamósque labellis
Sæpe legunt iuncos, & amœna ex Iride flores
Cæruleos: vbi rana salit, quæ pulsa metu mox,
Vt te præsentit venientem, conditur vndis.

Là, cent mille Oyseaux aquatiques
Viuent sans craindre en leur repos,
Le Giboyeur fin, & dispos,
Auec ses mortelles pratiques;
L'vn, tout ioyeux d'vn si beau iour,
S'amuse à becqueter sa plume;
L'autre allentit le feu d'Amour,
Qui dans l'Eau mesme le consume,
Et prennent tous innocemment
Leur plaisir en cét Element.

　　Iamais l'Esté, ny la froidure
N'ont veu passer dessus cette Eau
Nulle Charette, ny Batteau
Depuis que l'vn & l'autre dure.
Iamais Voyageur alteré
N'y fit seruir sa main de tasse:
Iamais Chéureüil desesperé
N'y finit sa vie à la chasse:
Et iamais le traistre Hameçon
N'en fit sortir aucun Poisson.

Hìc quàm multa vides fluuialia secla volucrum
Natiuo gaudere lacu; secura malarum,
Quas habilis fraudes, atque improbus occulit auceps.
Pars tam formosæ aspectu recreata diei
Humentes plumas rostro vestigat adunco;
Pars veneris flamas, sæuúmque refrigerat ignē,
In media qui torret aqua: sic otia vitæ
Innocua exercent, & amico in littore ludunt.

Nulla adeo neque solstitii, neque tempora brumæ,
Ex quo alterna legunt vestigia labilis anni,
Hic plaustris iter esse vidēt, leuibúsve phaselis.
Nemo sub ardenti sitibundus sole viator
In pateræ speciem palma bibit inde cauata.
Necdum etiam Ceruus vitam finire, fugámq;
Perditus huc venit: necdum quoque proditor hamus
Extulit incautum puro de gurgite Piscem.

Que i'ayme à voir la decadence
De ces vieux Chasteaux ruinez,
Contre qui les Ans mutinez
Ont déployé leur insolence :
Les Sorciers y font leur Sabat ;
Les Demons follets s'y retirent,
Qui d'vn malicieux ébat
Trompent nos sens, & nous martirent ;
Là se nichent en mille troux
Les Coleuures, & les Hyboux.

L'Orfraye, auec ses criz funebres,
Mortels augures des Destins,
Fait rire, & dancer les Lutins
Dans ces lieux remplis de tenebres.
Sous vn cheuron de bois maudit
Y branle le squelette horrible
D'vn pauure Amant qui se pendit
Pour vne Bergere insensible,
Qui d'vn seul regard de pitié
Ne daigna voir son amitié.

Quam iuuat aspicere informi collapsa ruina
Hæc veteris monimenta domus! queis tempora dudum
Audent certatim insultare procacibus annis.
Huc olim magica expertæ miracula sagæ
Sacra nefanda ferunt: illuc & sæpe maligni
Diuertũt lemures, pauidísque illudere gaudẽt:
Hic Bubo, & Coluber timidum caput occultantes
Mille latebrosis posuere cubilia rimis.

Strix quoque ludentes obscura per atria laruas
Tristibus auguriis, & ferali vlulatu
Prouocat ad cātus, incompositásque choræas.
Intus ab infami libratur pensile tigno
Horrẽdum visu squeletum, infelicis amãtis,
Qui miser (heu tristes fugiens Amaryllidis iras)
Immerito fauces nexu conclusit; at illa
Durior in talem nec lumina flexit amorem.

Aussi le Ciel Iuge équitable,
Qui maintient les Loix en vigueur,
Prononça contre sa rigueur
Vne sentence épouuentable :
Autour de ces vieux ossemens
Son ombre aux peines condamnée,
Lamente en longs gemissemens
Sa malheureuse destinée,
Ayant pour croistre son effroy,
Tousiours son crime deuant soy.

Là, se trouuent sur quelques marbres
Des deuises du temps passé ;
Icy, l'âge a presque effacé
Des chiffres taillez sur les arbres.
Le plancher du lieu le plus haut
Est tombé iusques dans la caue,
Que la Limace, & le Crapaut
Souillent de venin, & de baue ;
Le lierre y croist au foyer
A l'ombrage d'vn grand Noyer.

Atqui non impune tulit, quam nempe sequuta est
A tergo Nemesis, legum certissima vindex;
Vltaque tam sæuam formoso in corpore mentem:
Ergo exercetur miserabilis vmbra per amplas
Ac sine sole domos, & circum exesa pererrat
Ossa; sonant imo de pectore longiùs acti
Fata super gemitus; inuisa recursat Imago
Patrati sceleris, trepidantq; ab Imagine manes.

Hic tituli veteres, & priscæ symbola gentis,
Frontibus inuersis lapidum, sine honore leguntur;
Illic arboribus incisos pene senectus
Exedit Veneris nodos; cecidere gementem
Funditus in cellam tecti laquearia, quæ nunc
Pestiferâ spargunt limax, bufóque saliuâ:
Ante focum cespes, coramque Penatibus ipsis
Crescit, & annosæ gaudet iuglandis in vmbra.

Là deſſous s'eſtend vne voûte
Si ſombre en vn certain endroit,
Que quand Phebus y deſcendroit,
Ie penſe qu'il n'y verroit goutte,
Le ſommeil aux peſans ſourcis,
Enchànté d'vn morne ſilence,
Y dort bien loin de tous ſoucis
Dans les bras de la Nonchalance,
Laſchement couché ſur le dos
Deſſus des gerbes de pauos.

Au creux de cette grotte freſche,
Où l'amour ſe pourroit geler,
Echô ne ceſſe de bruſler
Pour ſon Amant froid & reueſche;
Ie m'y coule ſans faire bruit,
Et par la celeſte harmonie
D'vn doux Lut, aux charmes inſtruit,
Ie flatte ſa triſte manie,
Faiſant repeter mes accords
A la voix qui luy ſert de corps.

Subter inhorrescit fornix in nocte profunda
Abditus, in quem olim veniat si pulcher
    Apollo;
Ipse (reor) mundi tunc caligabit ocellus.
Somnus ibi lento deuinctus languida visco
Lumina, & excussis toto de pectore curis,
Dormit in optato complexu mollis Amicæ
Desidiæ, quem nox & fida silentia mul-
    cent,
Et circumfusum nocturno rore papauer.

Nec procul hinc gelidæ penetrali in sede ca- (uernæ,
Intus vbi possis tute ipse algere Cupido!
Vritur infœlix Echo, nec amata superbum
Ardet adhuc puerum: sed enim miseratus
    amantem
Accedo tacitus, citharaque insignis eburnea
Diuinis ægrum numeris lenire furorem
Aggredior, resonare docens mea carmina voce
Virginis, heu! vocem modo quam pro cor-
    pore seruat.

Tantost, sortant de ces ruïnes,
Ie monte au haut de ce Rocher,
Dont le sommet semble chercher
En quel lieu se font les bruines :
Puis ie descends tout à loisir,
Sous vne falaize escarpée,
D'où ie regarde auec plaisir
L'Onde qui l'a presque sappée
Iusqu'au siege de Palemon,
Fait d'esponges, & de limon.

Que c'est vne chose agreable
D'estre sur le bord de la mer,
Quand elle vient à se calmer
Apres quelque orage effroyable !
Et que les cheuelus Tritons,
Hauts sur les vagues secoüées,
Frapent les Airs d'estranges tons
Auec leurs trompes enroüées,
Dont l'eclat rend respectueux
Les vents les plus impetueux.

LATINA VERSIO. 21

Exin lustralis linquens ruta cæsa Palati
Nitor in exesam rupem, quam vertice summo
Vestigare putes, crescant qua parte pruinæ;
Hinc decedentem pedetentim proxima cautes
Excipit, accisis procurrens in mare saxis:
Vnde feros placidè fluctus contemplor acuti
Desquammare pedem dorsi; & iam lambere
    sellam,
Spongia quam limúsque Deo ponunt Meli-
    certæ.

Quam volupe in sicca spatiari littoris ora!
Quū tumida incipiunt iam sese sternere ponti
Æquora, & insanæ deferbuit ira procellæ:
Quum fugére procul nubes, ventíque re-
    mittunt.
Ipsi tunc etiam inflammati pectore nudo
Mergitis incanumque caput, viridésq; lacertos
Tritones; rursum thetidis iuuat ire sub aulam;
Nereidumque choros, dulcésque reuisere
    amores.

Tantost, l'onde broüillant l'arene,
Murmure & fremit de courroux,
Se roullant dessus les cailloux,
Qu'elle apporte, & qu'elle r'entraine :
Tantost, elle estale en ses bors,
Que l'ire de Neptune outrage,
Des gens noyez, des Monstres morts,
Des vaisseaux brisez du naufrage,
Des diamans, de l'ambre gris,
Et mille autres choses de pris.

Tantost, la plus claire du monde,
Elle semble un miroir flottant,
Et nous represente à l'instant
Encore d'autres Cieux sous l'onde :
Le Soleil s'y fait si bien voir,
Y contemplant son beau visage,
Qu'on est quelque temps à sçauoir
Si c'est luy-mesme, ou son image,
Et d'abord il semble à nos yeux
Qu'il s'est laissé tomber des Cieux.

Interdum sensim pelago vis maior ab alto
Indignata fremit, tum sese ingentia voluens
Saxa super fert, atque refert, miscétque tumultus:
Mox & cum libuit, nudis exponit in oris
Inter nauifragos, & luce carentia monstra,
Succina, & electrū, nec non magna ossa Balenæ:
Nunc laceram puppem, aut extantes fluctibus arcas,
Ingenio quæsita suo ludibria vexat.

Interdum purus, penitúsq; æquabilis humor
Læue refert speculum, quo protinus altera verti
Sidera, iamque alios videas se ostendere coelos.
Phœbus ibi, pulchræ miratus frontis honores,
Expresso sic ore nitet; tantisper vt anceps
Inquiras tecum sol-ne ille, an solis Imago?
Et vero pupulis primo fallentibus ictu,
Sponte sua medio prolapsus ab orbe videtur.

LA SOLITVDE.

BERNIERES, pour qui ie me vante
De ne rien faire que de beau ;
Reçoy ce fantasque tableau
Fait d'vne peinture viuante:
Ie ne cherche que les deserts,
Où resuant tout seul ie m'amuse
A des discours assez diserts
De mon Genie auec la Muse :
Mais mon plus aymable entretien
C'est le resouuenir du tien.

Tu vois dans cette Poësie
Pleine de licence, & d'ardeur,
Les beaux rayons de la splendeur
Qui m'esclaire la fantaisie :
Tantost chagrin, tantost ioyeux,
Selon que la fureur m'enflame,
Et que l'objet s'offre à mes yeux,
Les propos me naissent en l'ame,
Sans contraindre la liberté
Du Demon qui m'a transporté.

TV, quem pulchra modò de me (quid glo-
 rior audax)
Expectare decet, proprium hoc tibi Daphnis
 habeto
Picturæ spirantis opus variabile nostræ;
Scilicet in siluis deserta per ardua raptum.
Me iuuat & solum meditari, & pascere mētem
Dulcibus alloquiis genijque, meæq; Thaliæ,
Inter se alternis quæ non incondita miscent:
Sed meminisse tui ante omnes mihi chara vo-
 luptas.

Aspicis vt campo spatiari liber aperto
Versus amat; simul vt velox se tollit humo mēs
Percita, diuino quum me furor abripit æstro.
Nunc & sollicitus, mox lætior, vt mihi mentē
Spiritus intus agit; quam rem cumque obtu-
 lit antè
Fors, iuuat egregios illi posuisse colores.
Quæ si Daphnis ames, si carmina legeris vn-
 quam,
Non me pœniteat genijque, meæque Thaliæ,

LA SOLITVDE.

O que i'ayme la Solitude !
C'eſt l'Element des bons eſprits,
C'eſt par elle que i'ay compris
L'Art d'Apollon ſans nulle eſtude :
Ie l'ayme pour l'amour de toy,
Connoiſſant que ton humeur l'ayme,
Mais quand ie penſe bien à moy,
Ie la hay pour la raiſon meſme ;
Car elle pourroit me rauir
L'heur de te voir, & te ſeruir.

FIN.

O mihi secessus dulces! ô amica decoris
Ingenijs sedes!per quam mihi cognita planè est
Ars(ô Phœbe) tua, & nullo quæsita labore!
Hanc te propter amo, caperis nam Daphnis eádem,
Si bene te noui: tamen & cum serio mentem
Collegi, hanc odisse iuuat te propter eundem;
Inuida namque tuis miserum me vultibus arcet,
Nec sinit officijs præsentem posse mereri.

FINIS.

www.ingramcontent.com/pod-product-compliance
Lightning Source LLC
Chambersburg PA
CBHW060614050426
42451CB00012B/2241